My First
Encyclopedia
我的第一套视觉百科

我的第一套视觉百科

地 震

张功学 ◎ 主编

陕西新华出版传媒集团
未来出版社

前言

地震是一种破坏力非常大的自然灾害。尤其是强烈地震，它犹如一个巨大的怪兽，一旦降临，几乎没有人可以逃脱。地震发生时，大地剧烈晃动，地面上的一切犹如处在颠簸小船上的玻璃瓶，晃动不定，数以万计的生命在顷刻间就被夺走。地面上的建筑也在顷刻间变为残垣断壁，犹如科幻故事中末日降临的景象。

地震是客观存在、无法阻止的自然现象，它是地球内部活动的一种反应。全世界每天都有地震发生，只不过大部分地震因为太小而无法被我们感知而已。地震给人类带来了巨大的灾难，世界上每年都有许多人因地震而丧失生命。人类和地震已经抗争了上千年，但直到今天，都无法准确地预报地震的发生。虽然如此，但我们可以通过了解地震的相关知识保护自己。只有这样，在面对地震时我们才会从容不迫，坦然应对。

目录

什么是地震…………………………………1

为什么会有地震……………………………2

哪些地方会发生地震………………………4

地震波………………………………………6

旧金山大地震………………………………8

关东大地震…………………………………10

智利大地震…………………………………12

唐山大地震…………………………………14

墨西哥城大地震……………………………16

洛杉矶大地震………………………………18

阪神大地震…………………………………20

印度洋大地震 …………………… 22

汶川大地震 ……………………… 24

东日本大地震 …………………… 26

异常的自然现象 ………………… 28

反常的动植物 …………………… 30

地震可以预测吗 ………………… 32

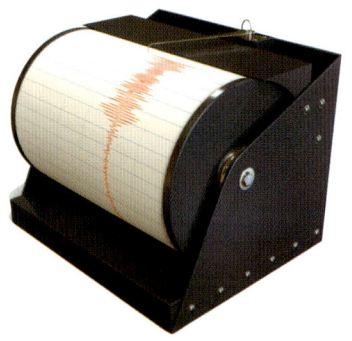

震后预警 ………………………… 34

地震来了要跑吗 ………………… 36

震后的救援工作 ………………… 38

震后为什么要防疫 ……………… 40

为什么要研究地震 ……………… 42

什么是地震

地震就是地壳快速释放能量过程中造成的震动，它来势汹汹，不仅非常突然，还极其短暂。地震到来时，地面会快速剧烈地震动，地面上的房屋、桥梁等建筑物也会随之震动甚至倒塌，给人类带来巨大灾难。

亚历山大灯塔

建于 1500 多年前的亚历山大灯塔，位于古埃及著名的亚历山大港港口，与闻名世界的埃及金字塔齐名。然而，巍然耸立了上千年的灯塔最终却在数次地震中被摧毁，沉入了海底。

地震的破坏性

地震发生时，由于房屋倒塌导致人员伤亡最为普遍。不仅如此，地震还会给地面的道路、桥梁等基础设施造成破坏。

▲ 地震的危害

改变地貌

地震还会让地面的地貌发生改变，比如地面出现裂缝，形成新的湖泊。2017 年 8 月 8 日晚的九寨沟地震，就让美如天堂的九寨沟景区地貌发生了改变。

地震参数
以 1976 年唐山地震为例：
地震日期：1976 年 7 月 28 日
发震时刻：3 时 42 分 56 秒（北京时间）
震中纬度：北纬 39.6°
震中经度：东经 118.2°
震源深度：12 千米
震级：7.8

为什么会有地震

为什么会发生地震？要回答这个问题，就得从我们居住的地球说起。地球的表面由一层厚厚的岩石圈组成，叫地壳。我们住在地壳上面，地震的发生就与这层地壳有着密切的关系。

主震和余震

很多时候，地震并非一次就能结束。在一次强震之后，还可能会有大量中小地震发生，这次强震被称为主震，其余地震为余震。主震和一系列余震按时间顺序排列，能显示地震的进展过程。

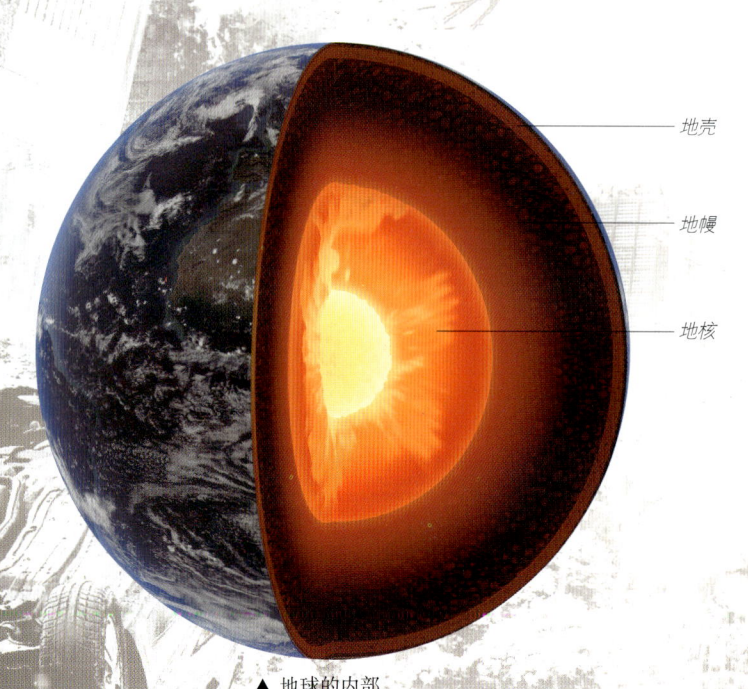
▲地球的内部

地球的内部

地球可不是个空心球，除了地壳，它还有地幔、地核。假如把地球看成一个鸡蛋，那么地壳就相当于蛋壳，蛋清就相当于地壳下面的地幔，蛋黄相当于被地幔包裹的地核。

地壳由板块构成

地震是怎么发生的，对这个问题目前解释最合理的就是板块构造说。这是一门以地壳为研究对象的学说，它认为组成地壳的岩石圈其实是由不同的地壳板块构成的。

地震的具体原因
1. 岩层断裂、错动引发的构造地震；
2. 火山爆发引起的火山地震；
3. 人工爆破、核爆炸等引发的人工地震；
4. 矿洞坍塌、建设水库引起的诱发地震；
5. 岩洞坍塌引起的陷落地震。

板块会运动

板块构造说认为，地壳板块就漂浮在地幔之上，能随地幔软物质的流动而缓慢移动。这些板块不仅会上下错动，还会水平移动，相互间也会碰撞、挤压。

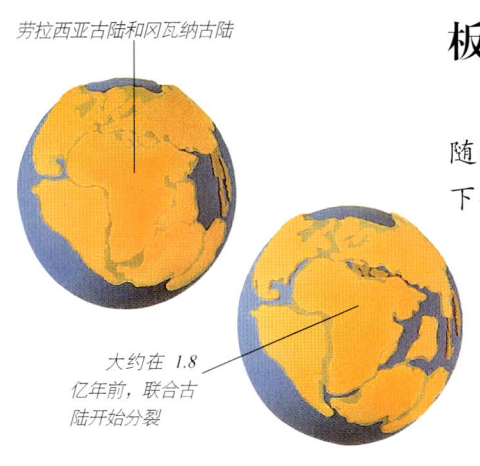
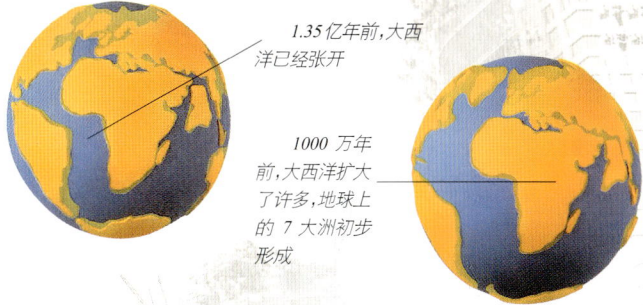

▲ 地球不同时期的板块运动

板块运动引起地震

板块与板块交界处的相互运动会产生巨大的能量，如果这种能量集中爆发，会像水波那样在岩石圈中传播，从而引起地面的震动，这就是地震。

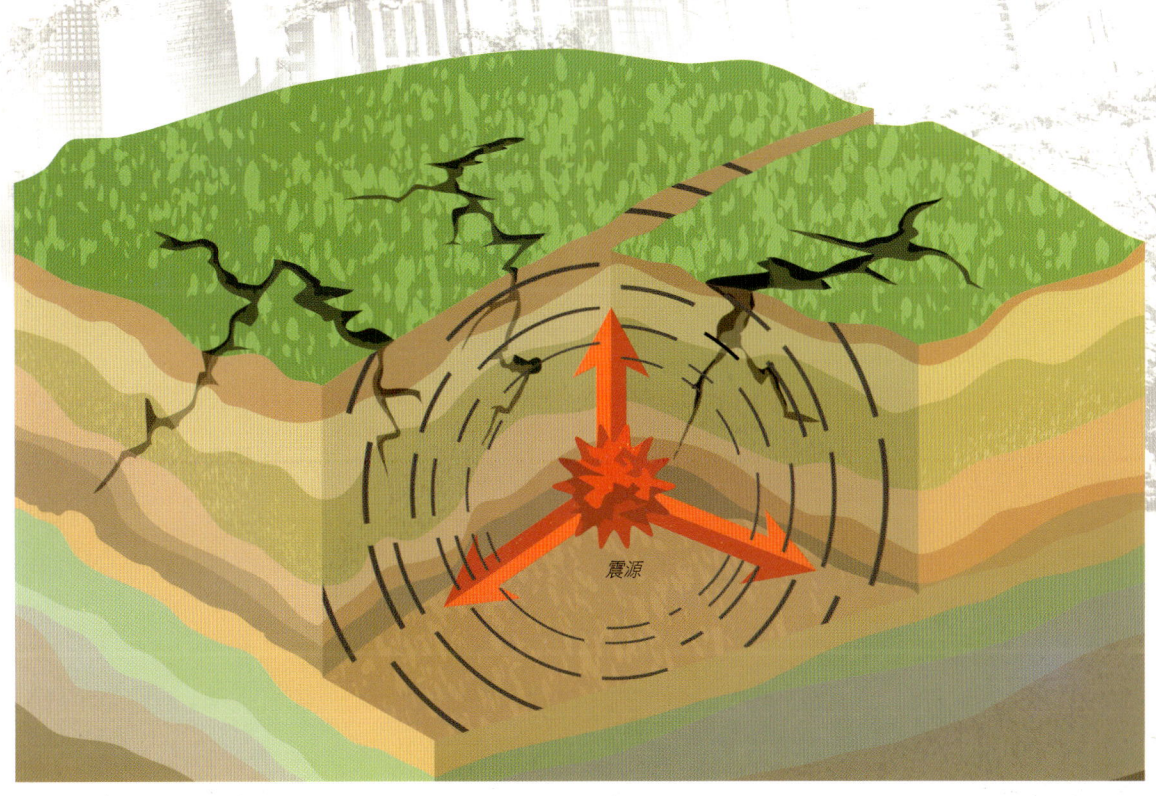

哪些地方会发生地震

地震每天都会发生吗？是的。事实上，地球上每年都会发生500多万次地震，也就是说几乎每天都要发生上万次地震。这些地震都发生在什么地方？为什么有的地方会经常发生地震？

地震带

如果我们将以前发生的地震位置都在地图上标出来，你会发现，全球的地震并不是均匀散布在世界各地，而是呈有规律的带状，这就是地震带。

▶ 冰岛处于海岭地震带，是一个多火山、地质活动频繁的国家

板块交界处最频繁

地球上绝大多数地震都是地壳运动引发的构造地震，但在地壳板块内部几乎没有地震。地震最多、最频繁的地方往往集中在板块的交界处，因为这里是能量最容易突破地壳释放的地方。

环太平洋地震带

环太平洋地震带是地球上最主要的地震带，它就像一个巨大的环，围绕着太平洋分布，全世界多一半的地震都发生在这里。

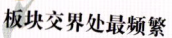
环太平洋地震带和地中海—喜马拉雅地震带

少有地震的南极

南极洲是一块被冰雪覆盖的白色大陆，生活在这里的企鹅们很少为地震而担忧。科学家们认为，正是厚厚的冰层让南极的地壳不易发生倾斜或弯曲变形，所以南极很少发生大地震。

欧亚地震带

欧亚地震带横贯亚、欧、非三大洲，是全球第二大地震带，也叫地中海——喜马拉雅地震带。地中海、阿尔卑斯山、喜马拉雅山都处在这片地震带上。

海岭地震带

海岭地震带又叫大洋中脊地震带，它分布在印度洋、大西洋和太平洋的洋底海岭上，这片区域发生的地震比前面两个地震带要少、要弱。

海岭地震带

地震波

地壳断裂、地震发生时所释放的部分能量会从地球内部以波的形式传递出来,这种波被称为地震波。虽然地震波会带来地震,但是它也成为我们深入了解地球内部结构的重要途径。

衡量地震的尺子	
震级:衡量地震大小的尺子,地震越大,震级越大。	烈度:衡量地震破坏程度的尺子,烈度越大,破坏性越强。

地震波

就像水波能在水面散播、传递能量一样,地震波也能将地震释放出来的部分能量在地壳中向四周传播。按照传播方式,地震波分为纵波、横波和面波三种类型。

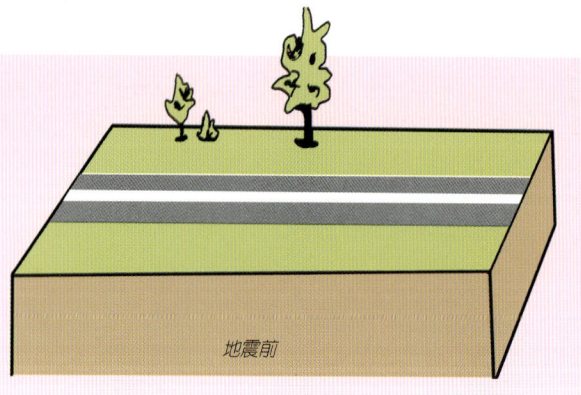

纵波

纵波又称P波,它是地震波中跑得最快的波,经常会一马当先到达震中。纵波到来后,地面会上下振动,但不会给地面造成太大破坏。

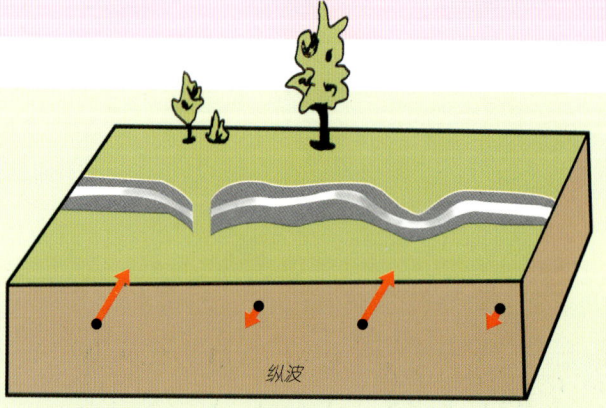

横波

横波又叫S波，它在地壳中跑得速度比纵波慢一些，一般第二个到达震中。横波到来后，地面会前后、左右抖动，会带来比较大的破坏。

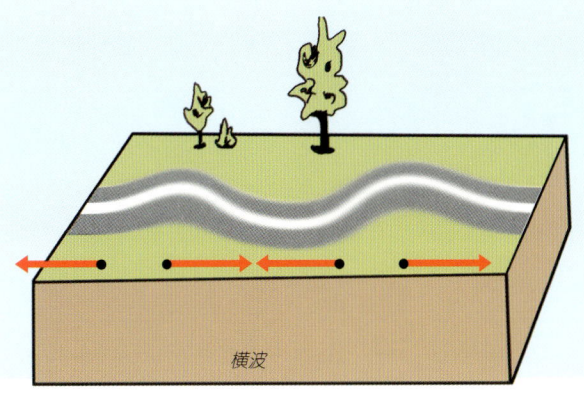

面波

纵波与横波在地面相遇后，相互激发会产生一种混合波，这种混合波就叫面波。面波只能在地面上跑，它才是地面建筑受损的最大推手。

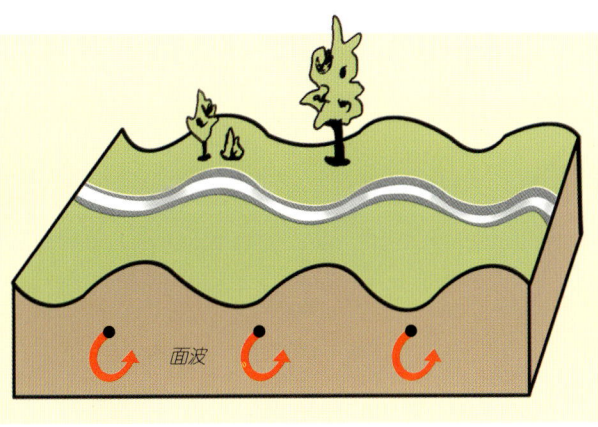

震源：震源是地震波的源头所在地，地震能量积聚和释放的地方。

震源深度：震源垂直向上到地面的距离。震源深度越大，地震破坏力越小；反之亦然。

震中：震源上方正对着的地面为震中，震中往往是一片区域而不是一个点。

震中距：从地球球面上任何一点到震中的距离就是震中距。震中距越小，破坏力越大。

旧金山大地震

1906年，美国旧金山地区发生强烈地震，7.8级的强震给旧金山市造成重创。而因地震引发的大火，对当地造成的破坏，更是美国历史上主要城市所遭受的最严重的自然灾害之一。

▲ 地震时正在倒塌的大楼

清晨的噩梦

1906年4月18日清晨5时12分左右，还在沉睡之中的旧金山市民，被大地剧烈的摇晃所惊醒。由于是清晨，很多人尚处在梦乡之中，因此这次地震造成了重大的人员伤亡。

▲ 地震过后牧场出现的地表裂缝

旧金山

旧金山是美国西部著名的工商业城市。19世纪中叶，当地因为采金业而迅速发展，因此被华人称为"金山"，后来为了与加拿大的墨尔本区别开，人们将它称为"旧金山"。

被撕裂的大地

1906年的旧金山大地震是由于太平洋板块和北美洲板块相互挤压滑动引起的。地震发生后，大地如同被撕裂了一样，地表裂缝随处可见。

8

涅槃的城市

旧金山正好处在环太平洋地震带,地震频繁,所以当地人格外注重建筑物的防震设计。尽管地震多发,但适宜的气候、充足的阳光以及迷人的海滩,依然使这里成为最受美国人欢迎的城市。

▲ 地震后的街景

城市沦为废墟

虽然旧金山大地震只持续了大约短短75秒,但巨大的破坏力却震惊了世界。震后的旧金山市沦为一片瓦砾,数千人失去了生命,无数人因地震而无家可归。

◀ 带着行李离开旧金山的人们

大火加剧灾情

1906年的地震使旧金山受到重创,而震后突发的大火让灾情加剧。大火引燃灾民的帐篷,灾后的旧金山如陷地狱。

▶ 地震引发的大火使旧金山上空浓烟滚滚

关东大地震

　　1923年9月1日11时58分（东京时间），日本的横滨和东京一带发生特大地震。因为这一带在日本被称为关东地区，所以这次地震也经常被称为关东大地震。

多地震的日本

　　日本是太平洋西北部的岛国，由北海道、本州、四国和九州四大岛以及上千个小岛组成。由于领土基本上都位于环太平洋地震带上，所以日本的地震非常频繁。

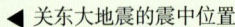

◀ 关东大地震的震中位置

影响深远的大地震

　　关东大地震是20世纪最大的地震之一。这次大地震给日本带来了血的教训，也对后来日本的防灾减灾工作产生了深远影响。

▼ 遭到地震摧毁的横滨市区

▲ 丸之内警务厅的大火

为什么会有火灾

　　1923年关东大地震发生时正好是中午时分，很多日本人那个时候都在家里做午饭。由于当时的日本家庭使用的都是炭炉，炭炉被震翻后，散落的炭火点燃易燃物，引发了后来的火灾。

地面位移、海底下沉

　　关东大地震里氏震级为8.1级，这次地震不仅造成了一些地区地面出现位移，就连部分海底也因此下沉了100～200米。

关东地区

关东地区是日本本州岛中部临近太平洋的一片区域,这片区域以日本首都东京为中心,包括了神奈川县等数个县在内,是全日本人口最密集的地区,约有超过三分之一的日本人居住于此。

震后次生灾害多

关东大地震造成的死亡和失踪人数共计14万多,其中不少人丧生于震后引发的大火中。除了火灾,这次地震还引发了瘟疫、海啸、山崩、泥石流等次生灾害。

▶ 位于浅草的凌云阁在地震后遭到严重破坏

大地震的影响

关东大地震后,日本吸取了这次地震的教训并总结了经验,在日后的城市建设中加强了城市避难所、河川公园防火带和各社区防灾据点的规划与建设,完善了相关的法律体系。

▶ 地震发生后关东地区的街景

智利大地震

智利地震是 20 世纪有仪器记录以来最大的一次地震，这次地震不但给智利造成了重大人员伤亡，还引发了 20 世纪最大的海啸。海啸波及至太平洋东岸，连带着日本也遭受重创。

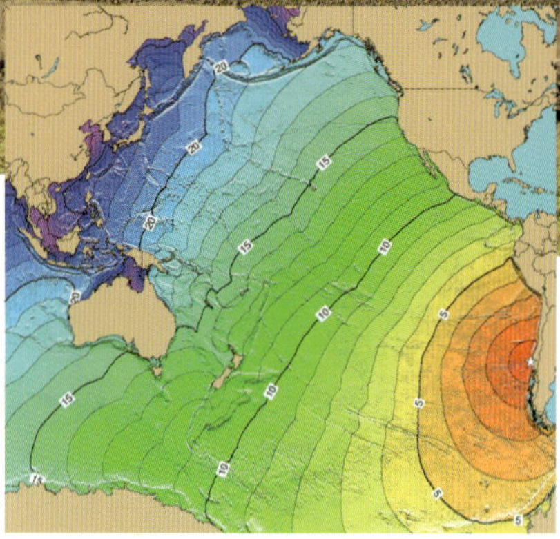

▲ 1960 年 5 月智利地震引发海啸的影响范围

震惊世界

1960 年 5 月 21 日下午 3 时，在智利中南部海岸地区发生了一系列地震，一月内发生了多次 7 级以上地震，这就是当时震惊世界的智利大地震。

▲ 地震引发的海啸，海啸过后，夏威夷的希罗

为什么会有海啸

地震发生时，地壳会出现断裂。当地壳猛地上升或下沉时，覆盖在地壳上面的海水也会随之剧烈抖动。由于这种抖动是整个水体的波动，能量惊人，常会掀起巨大的水墙，这就是海啸。

智利为何多地震

智利位于南半球、太平洋西岸，由于正好处在太平洋板块与美洲板块之间、环太平洋地震带上，所以智利的地震不仅多，而且非常强烈。

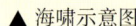
▲ 海啸示意图

没有主震的强地震

1960年的智利大地震不是主震较强、余震较弱类型的地震,它并没有突出的主震,而是通过好几次震级相近的强震将地震能量释放出来的。

▲ 被地震和海啸摧毁了的钢铁厂

◀ 智利大地震对日本釜石市造成严重损害

震后海啸凶猛

地震后,智利沿岸的海水先是迅速退落,然后又突然涨起形成十几米高的海浪,海浪很快席卷了沿岸的城市和乡村。之后,海啸在短短二十多个小时后奔袭至太平洋对岸的日本、菲律宾。

◀ 震后智利中南部城市瓦尔迪维亚的一条大街

唐山大地震

▲ 唐山地震遗址公园罹难者纪念墙

怎样判定余震
1. 看震级是否比主震小；
2. 看余震是否大体和主震在一个断层上；
3. 看余震是否出现在主震后的调整期内。

唐山地震是 20 世纪影响最大的地震之一，地震造成二十多万人丧生，是 20 世纪死亡人数最多的一次地震。这次地震使整个唐山市一夜之间变为人间地狱，十多年后，唐山市才恢复了城市面貌。

毫无防备的灾难

1976 年 7 月 28 日凌晨 3 时 42 分 56 秒，7.8 级的强烈地震在河北省唐山市发生了。由于是在凌晨，大多数人没有任何防备，所以造成了巨大的伤亡。

▲ 唐山地震遗址公园里的地震时刻表盘

唐山为什么有大地震
由于唐山正好处在三条比较活跃的小地震带的交汇处，同时又在大陆板块断裂处的边缘位置，地壳活动频繁，属于地震多发地带，所以会有 1976 年那样的大地震发生。

重大损失

唐山地震虽然仅有短暂的二十几秒，却造成二十多万人死亡、十几万人重伤，绝大部分地面建筑损坏，城市设施全部瘫痪的重大损失。

▲ "唐山大地震"遗址石碑

▲ 唐山地震遗址公园，原唐山机车车辆厂的残垣断壁

▲ 唐山地震遗址公园展厅里的矿山救护车

余震不断

1976年唐山发生地震后，时至今日余震仍时有发生，但这些余震都是让人不易察觉的小震，不会再造成大的灾害。

被忽视的异象

在地震发生前，唐山地区持续多日有井水突然上涨、蝙蝠白天在空中乱飞等反常现象发生，但直到地震后人们才明白原委。

为什么余震不断

当某个地区发生大地震后，地壳往往要经历一个长达70～100年的调整期，所以会有频繁的小地震发生。唐山大地震发生在1976年，目前还处在这个调整期，所以余震不断。

▲ 唐山地震遗址公园展厅里的人物雕塑

▼ 唐山地震遗址公园的主题雕塑

墨西哥城大地震

1985年9月19日清晨7时19分，墨西哥西南部的太平洋发生8.1级强震，随后又断续发生余震30余次。这次地震虽然只有几十秒钟，却给墨西哥带来深重灾难，是墨西哥史上最大的地震灾害。

湖床上为什么震感强

湖床上有大量沉积物，非常松软。当地震波经过这里时，会产生放大效应，也就是说地震强度在这些松软的地方会比正常地带高出好几倍，所以这里震感更强，房子更易倒塌。

地震带上的国家

墨西哥因为正好处在太平洋板块、北美洲板块和科科斯板块的三者交界处，所以地震非常频繁。

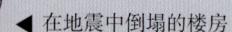
◀ 在地震中倒塌的楼房

湖心岛上的城市

墨西哥城主城是在湖心岛上建起来的。为了盖房子，人们几乎抽干了湖水。盖在松软湖床上的房子一经地震晃动就坍塌，这才造成了如此大的破坏。

建筑物的缺陷

现在的房屋在建造时都要有一定的抗震保障，但1985年墨西哥地震时多数建筑物不够牢固，这是当时损失惨重的重要原因之一。

被掏空的地基

过度抽取地下水，让地壳岩石无所依托，导致地震时塌陷，同样是造成墨西哥地震损失惨重的原因之一。

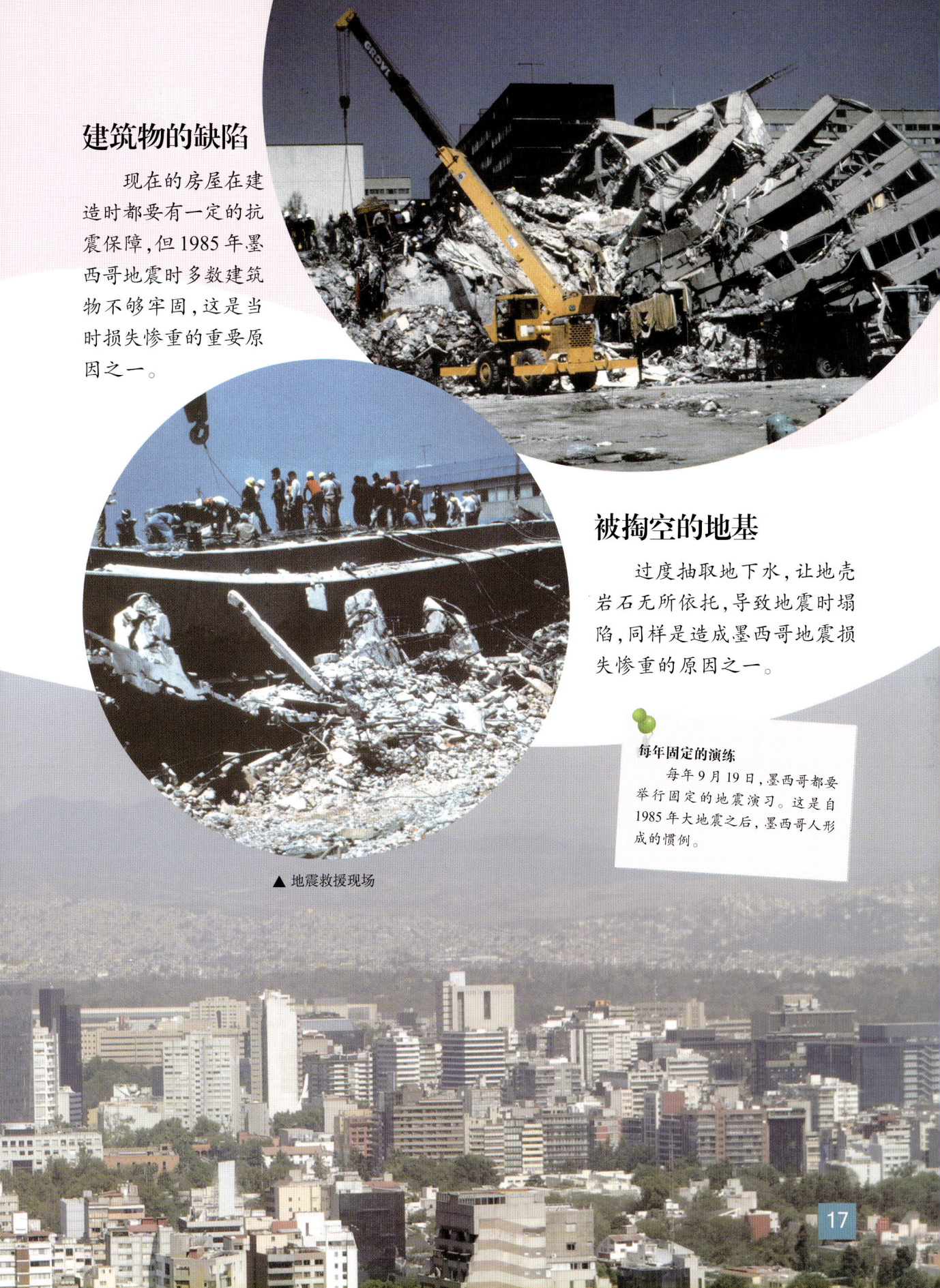

▲ 地震救援现场

每年固定的演练

每年9月19日，墨西哥都要举行固定的地震演习。这是自1985年大地震之后，墨西哥人形成的惯例。

洛杉矶大地震

1994年的洛杉矶大地震给洛杉矶市造成了极大的灾难。这次地震因为发生在凌晨,大多数人还在沉睡之中,突然降临的地震,让很多人措手不及,所以造成很大的灾难。

▶ 地震中毁坏的公路

洛杉矶

洛杉矶位于美国加利福尼亚州,被认为是美国第二大城市,有"天使之城"的称号。除了是美国重要的电子、航天、石油工业基地外,好莱坞、迪斯尼乐园也都在这里。

地震突降

1994年1月17日凌晨4时31分,当整个洛杉矶还处在睡梦中时,发生了6.6级地震,整个洛杉矶突然陷入天摇地动的恐慌之中。

破坏严重

洛杉矶地震造成1万多间房屋倒塌,震中道路毁坏,城市基础设施严重受损,并使9000多人受伤,2万多人无家可归。

▼ 地震中倒塌的楼房

发生原因

洛杉矶处在美国西海岸，位于全球最大的地震带——环太平洋地震带范围内，属地震高发地区，这次大地震正是由于地下岩层断裂造成的。

震后的模拟地震

在1994年1月17日地震之后，美国相关专家还进行了一次地震模拟实验。这项实验计划曾显示将来洛杉矶地区还会有地震，事实是在2008年7月29日洛杉矶确实发生了5.4级地震。

酝酿中的大地震

有研究称，在洛杉矶北部有一条巨大断层，这条断层某处现在很可能正酝酿着一场灾难性的地震。有说法甚至称，在过去的1200多年里这条断层上至少发生过10次以上地震。

▲ 红十字救援队给震区的灾民送饭

建筑防震有必要

虽然洛杉矶地震非常强烈，但人员死亡很少，这一切都归功于当地的建筑物具备良好的防震功能。这次地震让人们再次认识到建筑抗震的必要性。

阪神大地震

阪神大地震给日本造成了重大的人员和财产损失,是20世纪经济损失最大的一次地震。这次地震暴露出了日本在防震减灾工作上存在的问题,也给日本的地震防御起到了重要的警示作用。

地面破坏严重

1995年1月17日5时46分52秒,日本关西的大阪、神户地区发生7.2级地震,其释放的能量相当于1000颗"二战"时美国向日本广岛、长崎投放的原子弹的能量。

▲ 被地震破坏的地面

人员伤亡惨烈

由于大阪和神户地区人口密集,这次地震造成6500多人死亡,4万多人受伤,水电煤气和道路、港湾设施瘫痪,直接经济损失达上千亿美元。

▲ 被地震破坏的设施

为什么要进行心理疏导

地震中的不幸对很多幸存的人们而言可能就像一场噩梦，这会对人的心理产生巨大影响。如果不能将一些负面情绪及时疏导，当事者很容易走向抑郁，甚至自杀的不归路。

暴露问题众多

虽然日本地震频繁，民众防震意识强，但阪神大地震依然暴露出了很多问题，比如震后抢救行动迟缓，一些建筑抗震能力差，道路狭窄，房屋拥挤等。

▲ 神户市因木质房屋密集，在瓦斯泄露后很快就引起大火

震后吸取教训

阪神地震后，日本吸取教训，不仅对当地重建的城市布局进行了科学规划，加强了道路桥梁抗震级别，也完善了城市消防设施，并对民众进行了震后心理疏导工作。

▲ 所有的木质建筑都被付之一炬

为什么海岸边浪很高

靠近海岸时海啸会减速。由于前浪减速，后浪不断叠加，所以越接近海岸，海啸形成的水墙反而越高，给陆地造成的损失也越大。因此，海啸发生时，离海岸越远越安全。

▲ 海啸过后的一片狼藉

印度洋大地震

2004年印度洋发生大地震，地震引发的海啸波及东南亚和南亚数国，给这些国家造成巨大的人员和财产损失。灾难造成了10多万人伤亡，是近200年来死伤最重的灾难之一。

海啸速度有多快

当地震发生在水下5000米深处时，海啸的速度会和喷气式飞机差不多，时速约800千米。海啸移动到水深10米的浅海处时，时速会减慢到约40千米。

海底强震

2004年12月26日8时58分55秒，印度尼西亚苏门答腊岛以北的印度洋海域发生强烈地震，这是一次真正的海底地震。

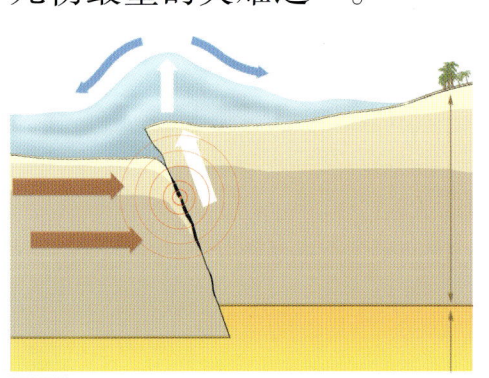

◀ 海底地震的形成示意图

强震引发强海啸

　　海底地震一般不会直接给陆地带来灾难,但它引发的海啸却会将魔爪伸向海岸。印度洋的这次海底地震就直接引发了一次前所未有的大规模海啸。

▲ 海啸的危害

海啸吞噬无数生命

　　地震引发的海啸呼啸着横扫印度洋沿岸十几个国家和地区,那些在海岸边悠闲度假的旅游者和当地的人们无处躲避,无数条生命瞬间被海啸吞噬。

为什么海啸速度快

　　速度快是海啸的特征之一,海底地震发生的地方越深,海啸的速度会越快。海水越深,受海底变动而剧烈抖动的水量会越多,形成海啸后在海面移动的速度就越快。

没有预警的灾难

　　由于印度洋没有地区性的海啸预警系统,当这样大规模的强海啸发生时,没能做出预警。在此之后,印度洋相关国家在国际社会帮助下开始建立预警系统。

▲ 突如其来的海啸

▲ 在班达亚齐市中心,一幢两层楼的房屋被海啸摧毁

▲ 支援联合协助行动的美国海军陆战队气垫登陆艇与直升机

▲ 米拉务海湾的直升机正在补给物资

23

汶川大地震

▲ 发放救灾物资的官兵

2008年的"5·12"汶川大地震，相信很多人至今仍记忆犹新，也是这场地震让更多年轻一代认识到了地震的威力与可怕。从2009年起，我国将每年的5月12日定为"全国防灾减灾日"。

伤亡、损失惨重

2008年5月12日14时28分04秒，四川省汶川县发生8级特大地震。虽然震中在汶川，但四川省受灾县市多达几十个。地震造成数万人遇难，带来了重大损失。

为什么破坏大

汶川地震震源深度14千米，属于破坏性较大的浅源地震。由于持续时间长约2分钟，再加上震级高，地震释放的能量大，所以这次地震带来的损失格外惨重。

地震波及范围广

2008年5月12日14时28分，汶川地震发生。几乎同一时刻，除了黑龙江、吉林、新疆外，全国各省市和香港、澳门特别行政区以及台湾地区都感受到了大地的震动。

▲ 映秀中学地震遗址

地面破坏严重

汶川地震时，受灾地区不仅地震烈度高，而且受灾面积广。除了灾情最严重的汶川，四川大部分地区，以及与四川交界的陕西、甘肃部分地区也有不同程度的灾情。

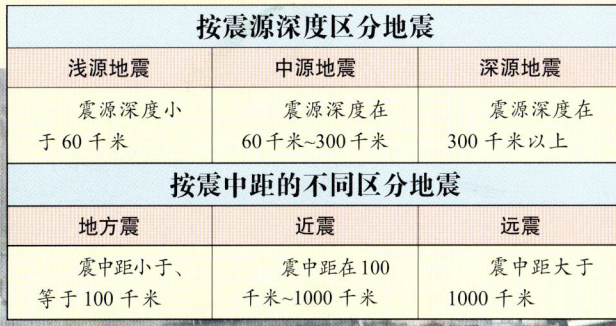

按震源深度区分地震		
浅源地震	中源地震	深源地震
震源深度小于60千米	震源深度在60千米~300千米	震源深度在300千米以上
按震中距的不同区分地震		
地方震	近震	远震
震中距小于、等于100千米	震中距在100千米~1000千米	震中距大于1000千米

次生灾害多

由于汶川地震处在山间地带，地震发生后，山体滑坡、泥石流、瘟疫等次生灾害多发，给灾区造成了二次灾难。

东日本大地震

2011年3月11日,日本东北部海域发生9级地震,地震引发了太平洋海啸,给日本造成了重大的人员和财产损失。这次地震还引起福岛核电站核泄漏,造成难以补救的永久性灾难。

伤亡惨重

2011年3月11日14时46分(当地时间),日本东北地区发生9级地震,这是有记录以来世界第五大地震。此次地震造成15841人死亡,3485人失踪。

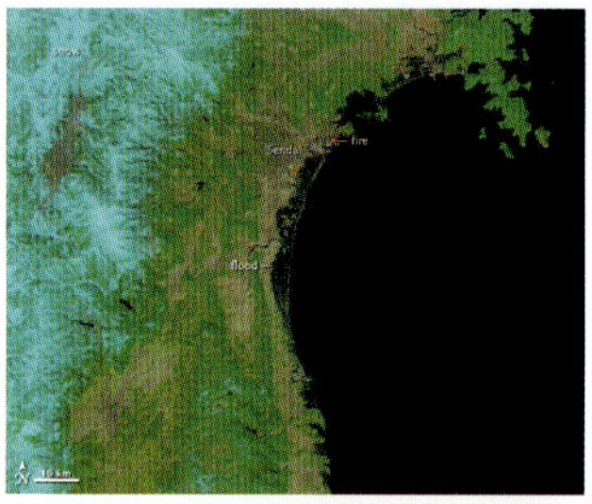

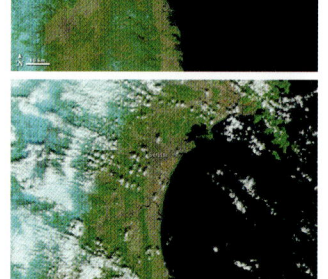

▲ 仙台市海啸后周边海岸线的变化

▼ 海啸后海岸垃圾成灾

海啸的连锁反应

由于此次大地震发生在日本近海,因而引发了海啸。海啸掀起了最高达20多米的海浪,将震区附近的汽车全部卷入海中,并导致核泄漏。

大地震的前震

2011年3月11日9级地震发生之前,3月9日日本本州岛东部海域还有过7.2级地震。但直到11日大地震后,人们才发现,同一地区7级以上地震后,仍然存在更高地震发生的可能。

核泄漏的后果

福岛第一核电站发生核泄漏后,还曾引发小规模的爆炸和火灾,更严重的是核泄漏之后的核辐射使得福岛成为死地。

核辐射是什么

核辐射每时每刻都在我们身边发生,几乎所有物质都会产生核辐射,这是一种正常的自然现象。少量核辐射并不会危及人类健康,但过量、长期的核辐射会使人致病、致癌,甚至致死。

▲ 震后堆积如山的垃圾

垃圾影响他国

由于海啸,福岛地区震后的垃圾被海水卷入海洋,这些震后的垃圾随着太平洋的洋流已经飘向了美国。

福岛核电站

福岛核电站是世界上最大的核电站之一,因受东日本大地震的影响,福岛核电站发生核泄漏,并导致福岛地区成为核污染区。2013年11月下旬,日本宣布福岛第一核电站停止作业。

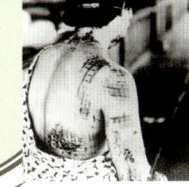

▲ 地震前的福岛核电站

异常的自然现象

地震到来时动静这么大,在它发生之前,难道就没有一点征兆吗?不是的,地震前确实会有异常现象。虽然有些现象目前还无法用现有的科学知识去解释,但通过观察这些现象,我们多少能对地震有所防范。

用异常现象预测地震准确吗

地震前的这些异常现象,目前并没有有效的科学依据证明它们和地震有着直接、明确的关系。通过异象预测地震的方法大多在民间流行。所以单单依靠这些现象去预测地震,并不准确。

◀ 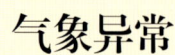 冰雹

地声异常

地声是指地震前来自地下的声音,其声有如炮响雷鸣,也有如重车驶过、大风鼓荡。有说法认为,这可能是地震纵波使空气发生振动引起的。

气象异常

地震之前,气象也常出现反常,比如夏天的异常闷热天气,久旱不雨或淫雨霏霏,或黄雾弥漫、日光晦暗,或者六月天里突然下雪、下冰雹等。

地面变形

地震前，地面局部会有垂直的升降、水平移动和倾斜，即地变形。这种地面异常现象，常常预示着大地震的到来。

地动异常

地震前地面有时也会出现晃动，这种晃动频率十分缓慢。比如1975年辽宁省海城地震之前，从1974年12月到1975年1月末，在辽宁省丹东、沈阳等地都出现过地动现象。

▲ 地面变形

地光异常

这是指地震前来自地下的光亮，其颜色多种多样，可见到罕见的混合色，如银蓝色、白紫色等，但以红、白色为主。

地下水异常

地下水包括井水、泉水等。地震前的地下水异常有水质发浑、冒泡、翻花、升温、变色、变味、突升、突降、井孔变形、泉源突然枯竭或涌出等。

反常的动植物

许多动物往往比人对地震更敏感,所以地震到来之前,动物常常会有异常的表现。地震对地下水的影响同时也会影响到植物,有些植物因此在地震前也会出现反常现象。

飞鸟不归巢

在地震前,一些鸟类常常会呈现出焦躁不安、成群乱飞的状态。如谚语说的:"蜜蜂群迁闹哄哄,鸽子惊飞不回巢。"

塘鱼乱跳

在地震前,养在池塘中的鱼会成群漂浮、狂游、跳出水面;缸养的鱼乱跳,头尾碰出血,跳出缸外,发出叫声等。

家畜反常

人们在长期生活中总结出经验,大的牲畜在震前一两天会出现不进圈、烦躁不安、嘶鸣不止、乱蹦乱跳的现象。

▲ 地震前成群出现的蛇

穴居动物群迁

地壳有异常变化,一些穴居动物首先感应得到,如鼠、蛇等动物。这些动物感觉灵敏,在震前常会成群出现,也不避人群。

不按时令开花、结果

地震发生前,有些植物会出现不按时令的开花、结果等异常现象。

▶ 地震发生前,有些植物花期会提前

严冬里长草开花

辽宁省海城地震前,当地发生了许多的植物异常现象:严冬里竟长出了青草,一些杏树竟然开了花。第二年海城地震发生后,人们才明白这些植物发生异常的原因。

重花、重果

在地震前,有些植物在开花结果后又再一次开花,甚至结果;也有的果子快成熟了,旁边又长出一些花来。

▼ 地震发生前,牛、羊、骡、马等动物会惊恐不安

地震可以预测吗

地震来得如此突然、猛烈，为什么我们不能对它进行预报呢？在现有的科学技术条件下，我们虽然可以根据一些异常现象或者使用仪器对地震进行预测，但还是无法做到像天气预报那样准确。

▲ 地震预报测量仪

各种异常变化

地震发生前，地壳的电场、磁场、重力场和地温常会出现异常变化，及时用仪器监测这些变化对于地震预测很有帮助。

▲ 地震仪

不预测地震的地震仪

地震仪是用来预测地震的吗？不是，它是用来测量地震强度、方向的仪器，不用于预测地震。地震仪的主要功能是记录地震波，并及时地将地面的振动数据记录下来。

探测岩层做预测

人们可以通过钻井将地震仪和其他检测仪器放入井洞内，让地震探测仪最大限度靠近地壳断裂带的核心，对岩层的运动进行探测，进而预测地震。

地震预报类型

长期预报：对未来10年内可能发生破坏性地震的地域的预报。

中期预报：对未来1~2年内可能发生破坏性地震的地域、强度的预报。

短期预报：对未来3个月内将要发生地震的时间、地点和震级的预报。

临震预报：对10日内将要发生地震的时间、地点和震级的预报。

◀ 地震仪所记录的地震数据

探测地下水做预测

地下水反映着地壳元素的变化信息，利用仪器观测地下水的水质成分与水温等异常变化，也可以对地震进行预测。

探测地震波做预测

地震发生前，地震波波形会有明显异常。通过地震仪和其他仪器的综合分析，大致可以确定出地震的方位和强度。

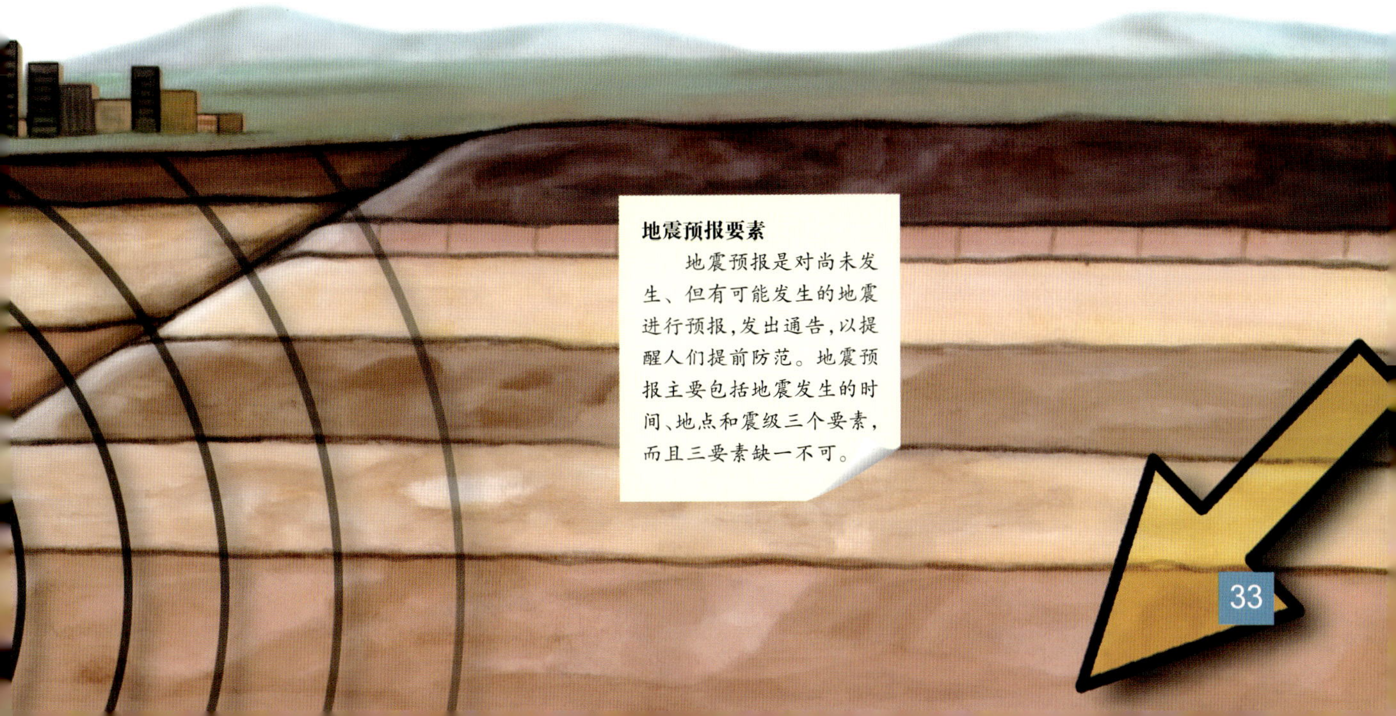

地震预报要素

地震预报是对尚未发生、但有可能发生的地震进行预报，发出通告，以提醒人们提前防范。地震预报主要包括地震发生的时间、地点和震级三个要素，而且三要素缺一不可。

震后预警

地震到来时，跟谁也不会打招呼，因此预报地震几乎不可能。但因为地震发生后会有一个波及范围，通过地震预警，我们可以为地震波及范围内的人们争取到一线逃生的机会。

▲ 地震标志

预警不等于预报

地震预报是在地震发生前进行的预测；地震预警是地震发生后，在地震造成更大范围的破坏之前，对地震可能会波及的区域发出地震警报，两者不是一回事。

预警原理

根据纵波传播速度快和破坏力小的原理，科学家设计了一套地震预警系统，人们通过这个系统可以得到地震预警服务。

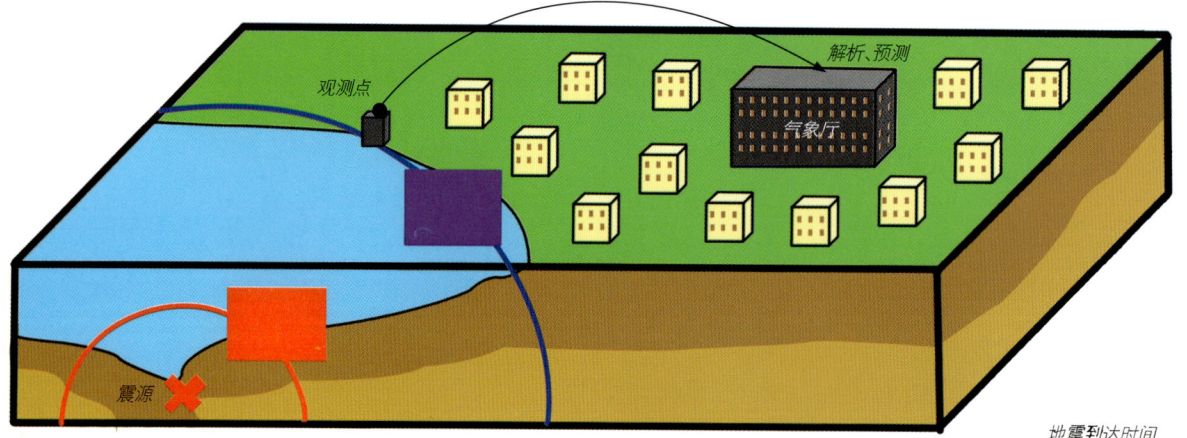

预警系统怎么工作

这要归功于地震监测台网。地震发生后，地震台首先会监测到地震相关信息，信息经过速判、发布系统，最终借助网络发送到我们的手机上。预警响应速度越快，人们逃生的希望越大。

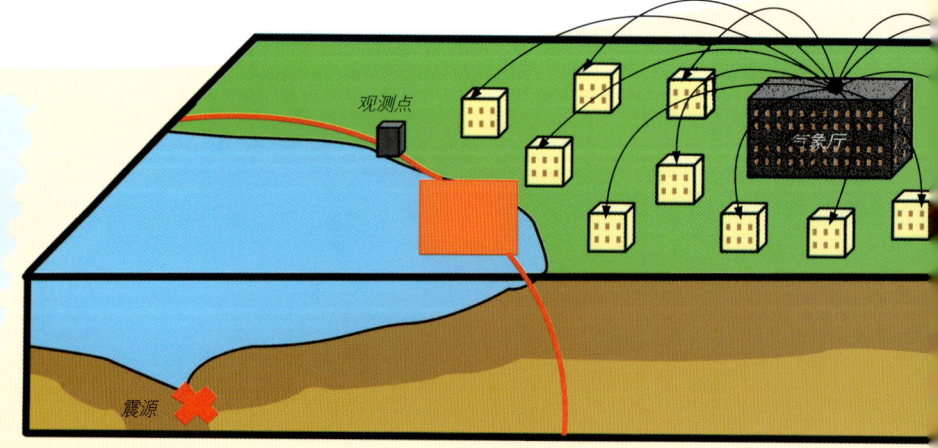

▶ 紧急地震速报系统

电视台预警

2017年8月8日晚21时19分，四川阿坝州九寨沟地区发生7.0级地震。地震发生后，同属阿坝州的汶川县电视台提前40秒弹出预警画面，为当地居民避险夺得了宝贵时间。

手机预警

2017年9月19日墨西哥大地震发生后，墨西哥政府建立了地震预警系统，并呼吁每位手机用户下载安装这个预警软件，以便及时获得地震预警消息。

电梯预警

在九寨沟地震发生时，成都一处科技园的电梯自动预警关停，避免了人员被困事故的发生。以后还会有更多的生活设施装备地震预警系统，以保证我们的生命安全。

有限的逃生时间

地震预警系统可以为人们争取躲避的时间，减少人员伤亡。据计算，这个系统可以为距离震源100千米区域的人赢得大约23秒的逃生时间。

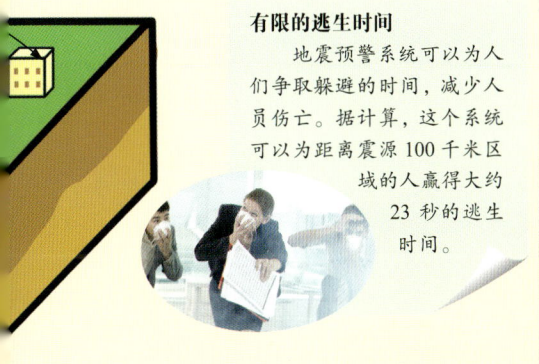

地震来了要跑吗

地震发生的那一刻，很多人的第一反应是逃跑，这是人之常情，也是人在危急时刻最本能的反应。但逃跑并不是地震时所有环境下的最佳选择，逃或不逃，怎么逃都要考虑具体情况。

躲在桌子底下

大地震时不要急

地震发生时要沉着冷静，先寻找靠近水源、远离火源的地方躲起来，同时用枕头、靠垫保护头部，用湿毛巾等捂住口鼻。

不要乘坐电梯

为什么要保存体力

如果地震时不幸被埋入废墟中，我们一定要保存体力。能自救的话，先将头、手等部位挣脱出来。不要呼喊求救，可用身边的棍子、石块等敲击物体，等待救援。

找到出口

保护头部

帮助急救

关闭煤气

必备的应急物品

地震发生后,建筑物倒塌致使人员被埋最为普遍。为了给自己多留一线生存机会,充足的饮用水、食物,以及药品、手电筒等应该成为每个家庭日常必备的应急物品。

找到出路

人较多时要躲避

在幼儿园或学校里,可以按照老师的指挥,有序离开教室;如果人多较拥挤,可以躲在桌子或者坚固的物品下面,等到地震过后再有序离开。

护头远离危险处

若在街上遇到地震,应先用手护住头部,迅速远离高大建筑物,到街心一带。在野外,应避开山崖、陡坡、河岸。

保持消息畅通

保存体力等救援

在地震中若不幸被埋,应该冷静沉着,设法自救。确认无法脱险时,要保存体力,创造生存条件,耐心等待救援。

停止驾驶

转移到安全地点

震后的救援工作

地震发生后，总有人会躲过劫难，幸存下来。由于地震的破坏性非常大，幸存的人往往会被埋在房屋倒塌后的钢筋水泥等废墟之下。如果不能及时救援，幸存的人很可能会失去生命。

救援的人员

地震属于重大灾难，震后的救援工作庞大复杂，参与救援的除了军队，还有专业的救援队、医生护士以及很多自发组织起来的群众。

搜索工作

地震发生后的救援工作通常都会由专业的救援人员进行。在救援工作展开前，首先是搜索。搜索主要靠救援人员呼叫，在不同区域寻找，以及通过生命探测仪、搜救犬来完成。

救援的原则

无论是熟人或陌生人,救人要先近后远,先救容易救的人,以免错过救人良机,造成不应有的损失。

如何施救

地震自救互救忙,注意脊柱眼遮上,跑到空地再检伤,清理口鼻防窒息。人工呼吸要跟上,止血包扎不慌张,长期饥饿进流食,精神崩溃防自伤。

救援的细节

救援要在支撑物不被破坏的情况下实施。不能用尖锐利器刨挖,找到幸存者后,先让其头部露出来,再清理对方口、鼻,使对方呼吸顺畅,同时还要为其补充生理盐水。

▶ 搜救机器人

救援的工具

小气垫、液压钳、照明灯都是必不可少的救援工具。小气垫可以撑起厚重的楼板等重物,液压钳能剪开坚硬的钢筋条。除了这些,一些小机器人也可以成为救援的好帮手。

为什么要先补充生理盐水

人的肢体被重物挤压超过24小时,肌肉会坏死。一旦移开重压,坏死肌肉会释放大量毒素,使人肾衰竭而死,而注射生理盐水可以帮助人体排出体内的这些毒素。

39

震后为什么要防疫

地震后,由于生态环境、水源等被破坏、污染,会大大增加蚊虫滋生的机会,再加上震后人的抵抗力明显下降,这些形成了传染病流行的传染源、传播途径和易感人群。所以,防疫是震后恢复重建的重中之重。

震后环境差

地震发生后,原有的生活环境被破坏,特别是饮用水源遭到污染,这都为一些肠道传染病、虫媒传染病和一些常见传染病的滋生与传播创造了条件。

◀ 震后搭建的临时帐篷

确保食物安全

地震发生后,由于物资紧缺等原因,难免会让人的饮食习惯受到影响。在这种简陋的条件下,我们也要做到饭菜现做现吃,多做蒸、煮类的食物,尽可能不做和不食用冷荤等食物。

蚊虫易传病

在震后,人们大小便没有固定地点,垃圾与废墟混杂。特别在炎热的夏季,这种环境下更易滋生蚊蝇,而这些都是疟疾、黑热病等传染病的传染源。

人群太密集

地震后，很多家庭的房屋遭到损坏无法入住，大家通常会被集中安置在暂住地。人群密集时，各种病菌容易四散传播，这也成为传染病暴发的条件之一。

▲ 在震后临时居住地进行防疫

人体免疫弱

地震的时候人们多多少少都会受伤，再加上地震中人们担惊受怕，为亲人焦虑、为余震恐慌，这些都会影响到人的身体状况，使人比平时更易患病。

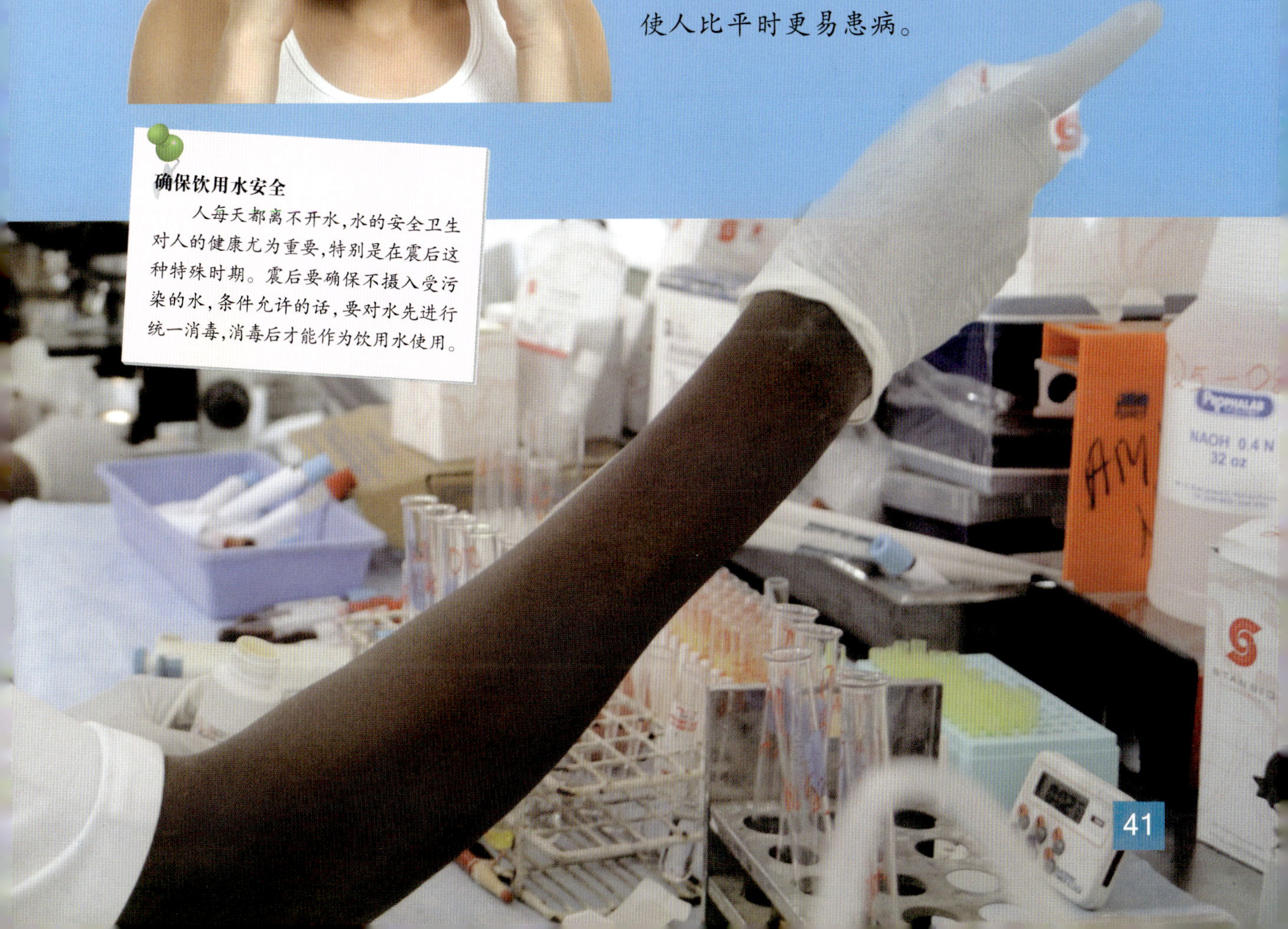

确保饮用水安全

人每天都离不开水，水的安全卫生对人的健康尤为重要，特别是在震后这种特殊时期。震后要确保不摄入受污染的水，条件允许的话，要对水先进行统一消毒，消毒后才能作为饮用水使用。

为什么要研究地震

大家都知道地震是一种可怕的自然灾害，所以研究地震就很有必要。人们常说两军交战，知己知彼才能有胜利的把握，我们对地震也一样。只有了解、认识了地震，我们才不会惧怕它。

为了防御地震

地震是一种客观存在的自然现象，我们无法阻止它的发生，但通过对地震的研究，我们可以了解地震，并尽可能做好防御措施，减少地震的危害。

为了了解地球

地震是地球内在活动的反应。如果我们把地球看成一个生命体，那么地震就可以看成是它的一种生命活动。通过研究地震，我们能更进一步了解地球。

研究地震的学问

目前有一门专门研究地震的科学，叫地震学。它是随着防御地震灾害发展起来的，主要研究地震发生的规律、地震波的传播以及引起的后果。

▲ 研究地震的工作人员

地震学的目标之一

预测地震是地震学的研究目标之一。目前，科学家们对地震的预测主要有两种方法，一种是依据一定的理论模型来推测；另一种是根据以往的震前异常现象，靠经验推测。

如何研究地震

研究地震是在对地震区域各种地震现象进行调查、分析、研究和评估的基础上，对地震的性质、成因进行分析、判断，这些的最终目的都是为了防震和抗震。

地震台网的来历

1897年，英国学者米尔恩首先在欧洲建成30多个地震台的台网，20世纪初演变为装有近代地震仪的世界地震台网。

我国的地震台网

地震台网是由一级一级的地震监测站、台共同构成的一个监测网。我国的地震台网中心成立于2004年10月18日，承担着全国地震监测、中短期地震预测和地震速报的任务。

图书在版编目（CIP）数据

我的第一套视觉百科. 地震 / 张功学主编. -- 西安：未来出版社，2018.6（2023.10 重印）
ISBN 978-7-5417-6586-5

Ⅰ.①我… Ⅱ.①张… Ⅲ.①科学知识—少儿读物②地震—少儿读物 Ⅳ.①Z228.1②P315-49

中国版本图书馆 CIP 数据核字（2018）第 126833 号

我的第一套视觉百科（精装）
WO DE DIYI TAO SHIJUE BAIKE

地震
DIZHEN

主　　编	张功学
丛书统筹	魏广振
责任编辑	杨雅晖
美术编辑	许　歌
出版发行	未来出版社发行
地　　址	西安市雁塔区登高路 1388 号　邮编：710082
电　　话	029-89122853
开　　本	889 mm × 1194 mm　1/16
印　　张	3.5
字　　数	60 千
印　　刷	万卷书坊印刷（天津）有限公司
版　　次	2018 年 8 月第 1 版
印　　次	2023 年 10 月第 3 次印刷
书　　号	ISBN 978-7-5417-6586-5
定　　价	39.80 元

版权所有　侵权必究

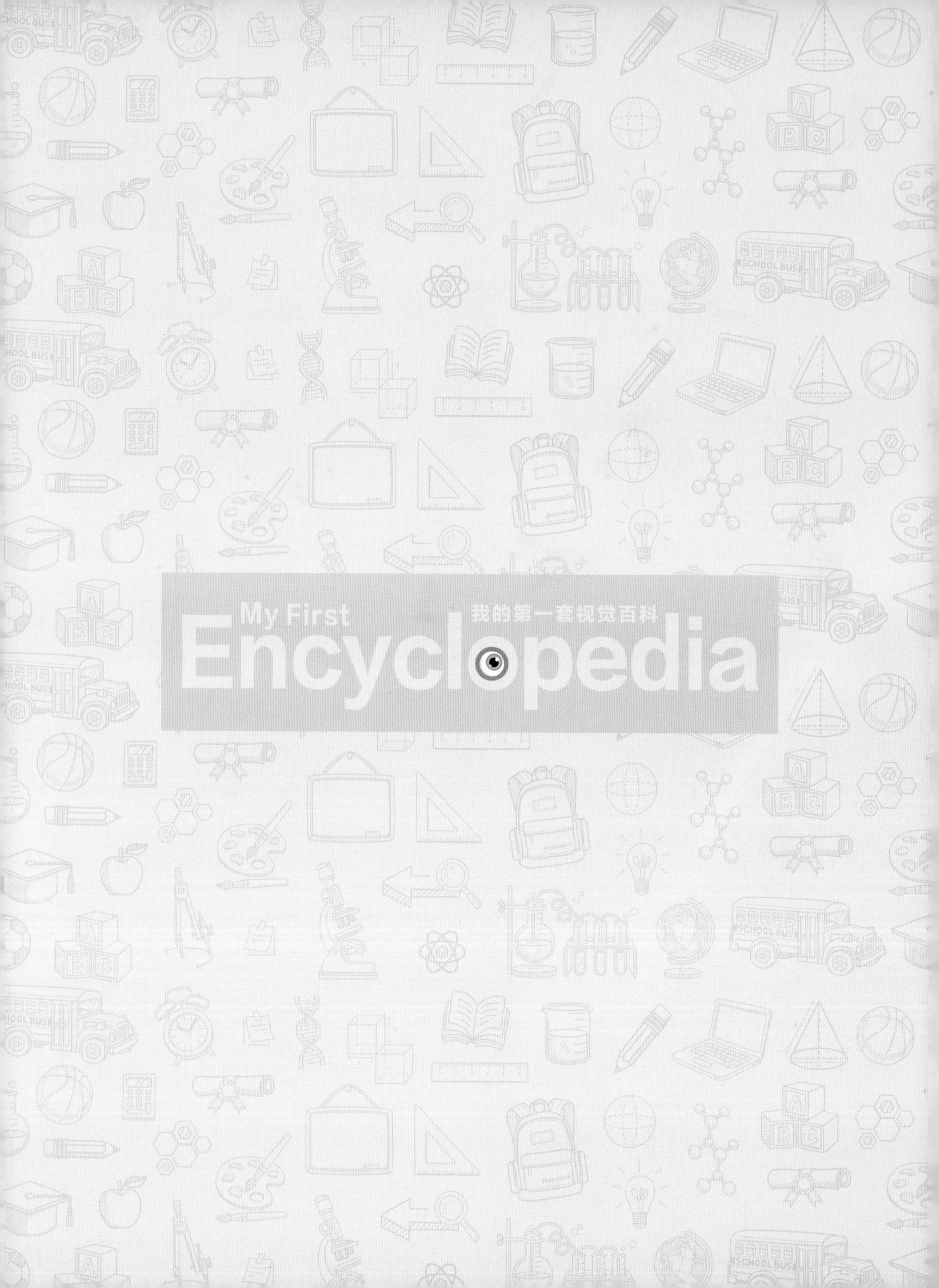